재미있고 공부가 되는
어린이 중장비

재미있고 공부가 되는
어린이 중장비

초판 인쇄　2025년 10월 25일
초판 발행　2025년 10월 29일

지은이　콘텐츠랩
펴낸이　진수진
펴낸곳　혜민BOOKS

주소　경기도 고양시 일산서구 일산동 1093
출판등록　2013년 5월 30일 제2013-000078호
전화　031-911-3416
팩스　031-911-3417

* 본 도서는 무단 복제 및 전재를 법으로 금합니다.
* 가격은 표지 뒷면에 표기되어 있습니다.

재미있고 공부가 되는
어린이 중장비

글·그림 콘텐츠랩

차례

도로청소차	8
항공기유도차	12
불도저	16
그레이더	20
고소작업차	24
항타기	28
군용트럭	32
트럭엔트레일러	36
쇄석기	40
노면파쇄기	44
쓰레기수거차	48
살수차	52
로더	56

롤러	60
크레인	64
스크래들캐리어	68
스크레이퍼	72
픽업트럭	76
천공기	80
파워셔블	84
공항급유차	88
지게차	92
탱크로리	96
견인차	100
유조선	104
콤팩터	108

바위톱	112
준설선	116
자갈채취기	120
블라스트 홀 드릴	124
물대포차	128
굴착기	132
어스드릴	136
탑차	140
덤프트럭	144
거중선	148
화물열차	152
타워크레인	156
아스팔트살포기	160

목재트럭	164
사다리차	168
카고트럭	172
믹서트럭	176
제설차	180
자이언트덤프트럭	184
트랙터	188
스키드로더	192
노상안정기	196
콘크리트펌프	200
수목이식기	204

도로청소차

크기
5톤 또는 8톤 화물 트럭.

용도
도로의 위생을 관리하고 쾌적한 환경을 조성함.

참고사항
노란색 경광등을 설치할 수 있음

항공기유도차

크기	용도	참고사항
승용차 크기의 일반 차량을 개조해 이용함.	공항에 착륙한 항공기를 주기장까지 안전하게 유도함.	항공기와 연결해 견인하는 차량은 '토잉카'라고 함.

불도저

크기
1톤에서 30톤 이상 되는 다양한 크기.

용도
많은 양의 흙과 자갈을 밀어내거나 굴착하는 기능을 함.

참고사항
견인력이 강하지만 속도는 빠르지 않음.

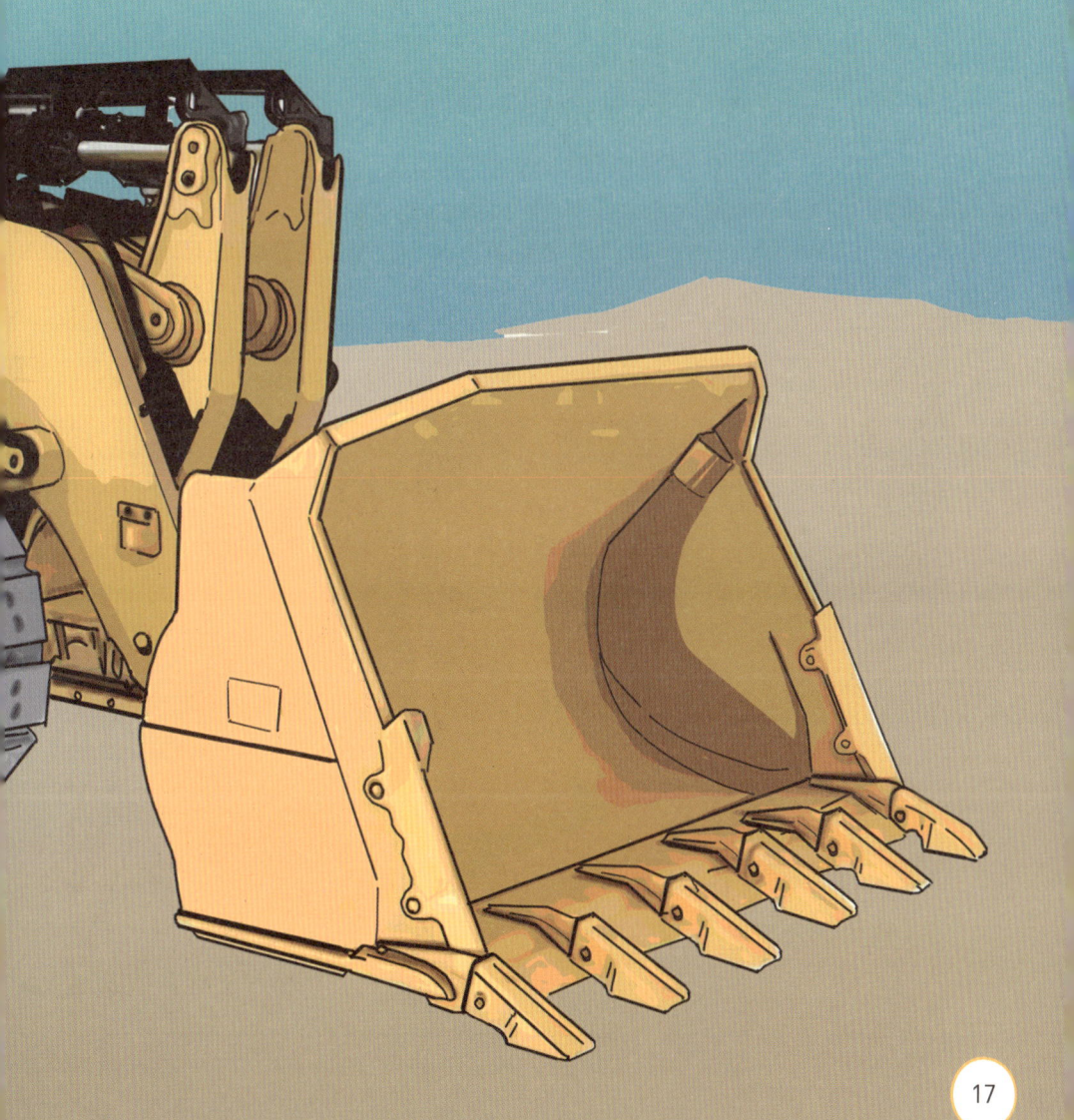

그레이더

크기
블레이드 길이를 기준으로 3.7미터(대형), 3.1미터(중형), 2.5미터(소형).

용도
도로 공사 등에서 땅을 고르거나 굴착하는 데 쓰임.

참고사항
앞뒤 차축의 간격이 길고, 그 중앙에 작업 장치를 설치 함.

고소작업차

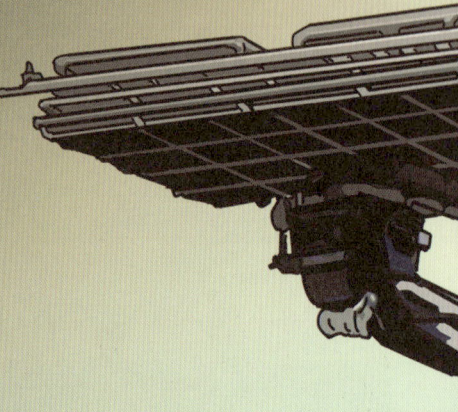

크기
1톤부터 20톤까지 다양함.

용도
높이 2미터 이상으로 노동자와 작업대를 올릴 때 이용함.

참고사항
고소작업차 1톤은 18미터, 5톤은 45미터 높이까지 작업 가능.

항타기

크기
무게 40톤 이상.

용도
지면에 말뚝을 박는 장비

참고사항
항타기에 특정 장치를 부착하면 말뚝을 뽑는 '항발기'가 됨.

군용트럭

크기
무게 1~18톤.

용도
병사 수송과 장비 이동 등에 이용됨.

참고사항
작전 중인 군용트럭은 일반 차량의 추월이 금지됨.

군대에서는 1톤부터 18톤까지 다양한 중량의 군용트럭을 이용해.

그럼 군용트럭은 전부 군복무늬를 하고있어?

아니 일반인들이 몰고 다니는 것처럼 흰색이나 청색 차량도 있어.

그리고 지금처럼 뒤쪽 화물칸에는 병사 수송용 벤치와 방수포를 설치한 형태도 흔히 볼 수 있어.

중형전술차의 경우 한꺼번에 무장한 보병 18명 정도를 실어 나르기도 해.

모델에 따라 방탄 차체를 적용하며, 타이어가 파손 돼도 48킬로미터쯤 주행 할 수 있어.

대단하다!

트럭앤트레일러

크기
우리나라는 트레일러 길이를 16.7미터로 규제함.

용도
컨테이너박스나 대형 자재 등을 옮기는 데 이용함.

참고사항
바퀴 안쪽에 2개의 바퀴를 더 부착해 1축당 바퀴 4개씩 의 조합이 가능함.

쇄석기

크기
조쇄기, 중쇄기, 분쇄기에 따라 다양한 크기가 있음.

용도
바위나 큰 돌을 작게 부수는 데 이용함.

참고사항
원석을 단계 없이 한꺼번에 작게 부수면 기계의 고장을 일으키는 원인이 됨.

노면파쇄기

크기
절삭 폭 1미터인 경우 12.4톤, 2미터인 경우 28.2톤.

용도
콘크리트나 아스팔트로 된 길바닥을 절삭함.

참고사항
절삭날의 개수는 97~150개.

쓰레기수거차

크기
2.5톤, 3.5톤, 5톤 등 다양함.

용도
생활쓰레기 및 산업폐기물 수거에 이용함.

참고사항
음식물 수거차는 따로 있음.

살수차

크기
물탱크 용량 기준 2~26톤.

용도
도로 청소, 산불 진화, 식수 공급 등

참고사항
탱크에 독을 없애는 약품을 채워 화생방 작전에도 사용함.

로더

크기
버킷 용량에 따라 다양하게 구별됨.

용도
공사 현장의 흙과 골재를 날라 운반 기계에 싣는 데 사용함.

참고사항
보통 휠로더가 스키드로더보다 작업 중량이 많음.

롤러

크기	용도	참고사항
대개 2~5톤이지만 10톤 이상 되는 것도 있음.	공사 막바지에 지면을 다지는 데 사용함.	롤러운전기능사를 취득하고 건설기계조종사면허도 발급받아야 작동 가능함.

크레인

크기	용도	참고사항
작업 상황에 따라 2.5~1,200톤까지 이용함.	무거운 물체를 들어 올려 운반하는 장비임.	크레인의 톤수는 차량 무게가 아닌 들어 올릴 수 있는 하중을 의미함.

스트래들캐리어

크기
스트래들캐리어는 한 번에 컨테이너 2개 정도를 운반 함.

용도
컨테이너터미널에서 하역과 운반을 동시에 할 수 있는 주행 장비.

참고사항
여러 개의 바퀴로 컨테이너의 무게 분산 효과가 있음.

스크레이퍼

크기
토사를 싣는 용량 기준 10~25톤.

용도
흙을 파내고 고르며 이동시키는 역할을 함.

참고사항
스크레이퍼는 흔히 대규모 토목 공사에 사용됨.

픽업트럭

크기
적재 용량 1~3톤 정도.

용도
적은 양의 화물을 싣고 견인하는 데 적합함.

참고사항
밴 유형의 차량과 달리 운전석과 화물칸이 분리된 형태임.

천공기

크기
드릴 직경과 드릴링 깊이로 규격을 정함. 소형 천공기의 중량은 2톤 정도임.

용도
강력한 드릴로 단단한 지반을 뚫는 기능을 함.

참고사항
지하수를 찾으려고 지층을 뚫는 관정굴착기도 천공기에 포함됨.

파워셔블

크기
버킷 용량 기준 100리터에서 8만 리터까지 다양함.

용도
지면을 굴삭한 후 회전하여 토사를 트럭에 싣는 기능 등.

참고사항
파워셔블은 '셔블계 굴착기' 중 하나임.

공항급유차

크기
탱크 용량에 따라 5천~4만 리터로 구분함.

용도
주기장에 들어오지 못하는 항공기에 연료를 공급함.

참고사항
군용기에 공중 급유를 하는 비행기를 '공중급유기' 또는 '항공탱커'라고 함.

지게차

크기
일반적인 지게차의 크기는 폭 120~210센티미터, 길이 240~300센티미터.

용도
2개의 포크를 이용해 지게와 비슷한 원리로 물품을 운반함.

참고사항
3톤 이상 지게차를 운전하려면 지게차운전기능사를 취득해야 함.

93

탱크로리

크기
탱크 용량에 따라 2~24톤으로 다양함.

용도
물, 원유, 화학 물질 같은 액체를 운반하는 데 이용함.

참고사항
3.5톤 탱크로리의 경우 약 5천 리터 액체 운반이 가능함.

견인차

크기
레커차는 일반 트럭 크기이며, 토잉카는 길이 3.4미터 에 폭 1.6미터 정도.

용도
스스로 움직이지 못하는 차량이나 컨테이너 박스, 항공기 등을 옮김.

참고사항
트랙터트럭의 운전 공간을 캡, 뒷부분을 '차대' 또는 '섀 시'라고 함.

유조선

크기
1천 톤급부터 60만 톤급 이상까지 다양함.

용도
원유를 비롯해 액화천연가스와 각종 화학 물질을 운반함.

참고사항
유조선 개발자는 노벨상을 만든 알프레드 노벨의 형 루드비그 노벨.

콤팩터

크기
50킬로그램~4톤까지 다양한 무게와 형태가 있음.

용도
노면을 단단히 다지는 데 사용하는 장비를 가리킴.

참고사항
소형 다짐기계에는 '래머'와 '탬퍼'도 있음.

바위톱

크기
차량 폭 2.3~3.2미터, 톱 지름 1.5미터 안팎.

용도
커다란 바위를 잘라서 해체함.

참고사항
금속, 목재, 콘크리트 절삭에 사용하는 원형 톱도 각각 따로 있음.

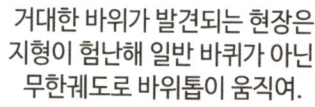

준설선

크기
길이 50미터, 폭 23미터, 중량 2천 톤 안팎.

용도
하천이나 해안 바닥의 흙, 모래, 자갈 등을 파내는 데 이용함.

참고사항
준설 방법에 따라 디퍼준설선, 그래브준설선, 래더준설선 등으로 구분함.

자갈채취기

크기
자갈채취기의 규격은 시간당 자갈 채취량으로 표시함.

용도
자갈이나 모래를 채취하는 데 사용함.

참고사항
자갈채취기는 대차(레일용 바퀴가 달린 차)나 바지선 위에서 작업함.

블라스트홀드릴

크기
길이 4.3미터, 폭 2.1미터, 중량 3톤 안팎.

용도
지름이 큰 폭파용 구멍을 빠르게 뚫는 데 사용함.

참고사항
전 세계 시장 규모 3조 원에 달하는 필수 건설기계 중 하나임.

물대포차

크기	용도	참고사항
5톤, 8.5톤, 16톤 등 다양함. 물을 내뿜는 방수 거리 50미터 안팎.	시위 해산 및 화재 진압에 사용함.	공항에서는 물대포차를 항공기 세척에 이용하기도 함.

굴착기

크기
작업 중량 4톤 미만부터 40톤 이상의 초대형 굴착기까지 있음.

용도
주로 땅을 파거나 깎아내는 역할을 함.

참고사항
작업 중량 1톤 미만의 굴착기는 건설기계가 아닌 농기계로 분류함.

어스드릴

크기
굴착 지름 최대 3미터, 깊이 27미터 이상도 작업 가능함.

용도
회전 버킷으로 지반을 천공하고 토사를 굴착함.

참고사항
어스드릴과 비슷한데, 손으로 조작하는 소형 도구는 '어스오거'라고 함.

탑차

크기
1톤, 2.5톤, 3.5톤, 5톤, 25톤 등 다양함.

용도
비바람이나 온도에 상관없이 물품을 운반하는 데 이용함.

참고사항
'호로탑차'는 일본어 명칭이므로 '천막탑차'가 올바른 표현임.

덤프트럭

크기
2.5톤, 3.5톤, 4.5톤, 5톤, 15톤, 25톤 등 다양함.

용도
대량의 화물을 실어 운반하는 데 이용함.

참고사항
12톤이 넘는 덤프트럭은 1종 대형 면허를 가져야 운전 할 수 있음.

거중선

크기
적재량 기준 2만~6만 톤.

용도
바다를 통해 대량의 화물을 실어 운반하는 데 이용함.

참고사항
거중선의 영어 표현은 '헤비리프트십(heavy lift ship)'.

화물열차

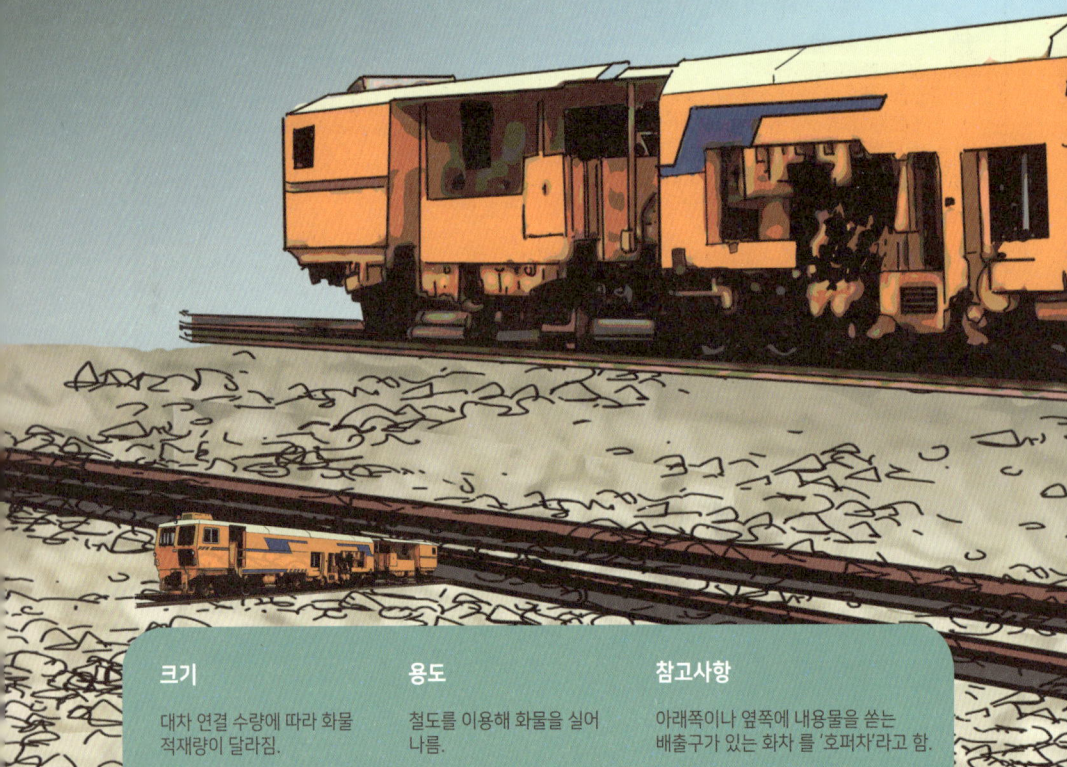

크기
대차 연결 수량에 따라 화물 적재량이 달라짐.

용도
철도를 이용해 화물을 실어 나름.

참고사항
아래쪽이나 옆쪽에 내용물을 쏟는 배출구가 있는 화차를 '호퍼차'라고 함.

타워크레인

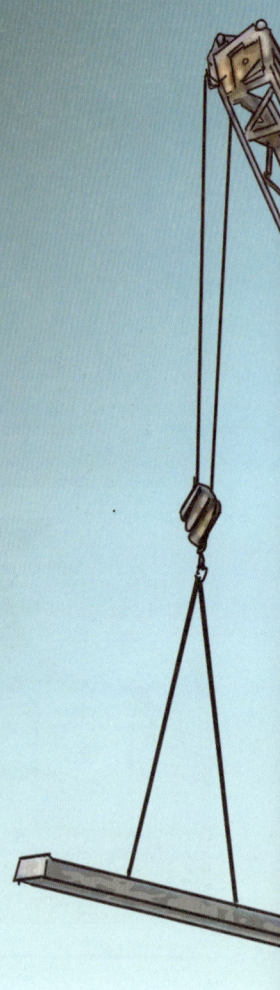

크기
1회 작업 중량 3톤 미만(소형),
5톤 미만(중형), 5톤 이상(대형).

용도
고층 건축 및 항만 하역 작업
등에 이용하는 크레인.

참고사항
타워크레인은 작업을 위해
360도 회전하는 것이 가능함.

아스팔트살포기

크기
아스팔트탱크 용량은 수백 리터에서 8천 리터까지 다양함.

용도
아스콘을 일정한 폭에 맞춰 도로에 살포하는 역할을 함.

참고사항
아스팔트는 대부분의 빛과 열을 흡수하기 때문에 흙길보다 온도가 높음.

목재트럭

크기
보통 적재량 5톤 이상, 총중량 10톤 이상의 대형 트럭 을 이용함.

용도
벌목 현장에서 나무를 실어 옮기는 역할을 함.

참고사항
원목을 일정 지역에 운반하고 적재하는 직업을 '원목운 반원'이라고 함.

사다리차

크기
1톤 트럭 25미터, 2.5톤 38미터, 5톤 70미터까지 사다리를 올릴 수 있음.

용도
이사 현장, 화재 현장, 인명 구조 현장 등에서 사용함.

참고사항
평상시 기다란 사다리를 접어두는 '굴절사다리차'도 있음.

카고트럭

크기
2.5톤, 3.5톤, 4.5톤, 5톤, 15톤 등 다양함.

용도
무개차라서 부피가 크고 무게가 가벼운 화물을 싣는 데 적합함.

참고사항
카고트럭 뒤쪽에 트레일러를 하나 더 연결시킨 차량을 '풀카고'라고 함.

믹서트럭

크기
주로 15톤 차량을
믹서트럭으로 이용함.

용도
콘크리트를 굳지 않게 건설
현장까지 운반하는 역할을 함.

참고사항
현대식 믹스트럭은 1920년
미국에서 발명됨.

제설차

크기
1톤부터 15톤 정도까지 다양함.

용도
폭설이 쏟아졌을 때 눈을 치우는 역할을 함.

참고사항
철도 제설에는 회전하는 원형 블레이드를 장착한 '로터리제설차'가 이용됨.

자이언트덤프트럭

크기
적재 중량 100톤 이상부터 500톤에 이르는 것까지 있음.

용도
채석장이나 광산 등에서 무거운 자재를 운반하는 데 이용함.

참고사항
적재 중량 100톤은 흙을 삽으로 8천 번 정도 퍼 담아야 하는 양.

트랙터

크기
견인력 10~500마력 이상까지 다양함.

용도
건설 현장의 견인차 또는 농촌에서 농기계로 이용함.

참고사항
트랙터의 최고 시속은 40~70킬로미터 정도로 제한함.

스키드로더

크기
작업 중량 1~4톤.

용도
흙과 골재, 분뇨 등을 실어 나르는 용도로 사용함.

참고사항
2007년, 미국의 중장비 기업 밥캣을 우리나라 두산그룹이 인수함.

노상안정기

크기
유제탱크의 용량(리터)으로 규격을 표시함.

용도
도로 공사에서 노면을 평탄하게 만드는 데 이용함.

참고사항
노상안정기의 구조물 중 하나인 '로터'는 회전 운동을 담당함.

콘크리트펌프

크기	용도	참고사항
붐 길이 12~77미터.	고층 현장에 시멘트나 콘크리트를 타설하는 데 이용함.	콘크리트펌프를 장착한 차량을 '콘크리트펌프카'라고 함.

수목이식기

크기
총 중량 1.5톤, 가로·세로 각 2미터 안팎.

용도
뿌리가 깊고 커다란 나무를 옮기는 데 사용함.

참고사항
굴착기나 로더에 별도의 수목 운반 장치를 장착할 수 있음.

역사는 우리 꿈의
날개가 되어줄거예요!